The Official
FIFA WORLD CUP
Qatar2022™

Mondial 2022

L'album collector

Tout est prêt pour le coup d'envoi !

Le Qatar se prépare à accueillir le plus grand spectacle de la planète – la Coupe du monde de la FIFA, Qatar 2022. Les 32 équipes qualifiées s'affronteront du 21 novembre au 18 décembre 2022. Pour vous aider à préparer cette grande fête du football, vous trouverez dans cet album tout ce que vous devez savoir sur ce fabuleux tournoi.

SOMMAIRE

◀ La France, championne en titre, est considérée comme l'un des grands favoris.

Bienvenue à la Coupe du monde de la FIFA 2022

Qatar 2022 promet du grand spectacle, des buts incroyables, des matchs mémorables et bien plus encore. Tout est prêt pour démarrer la compétition le 21 novembre avec le groupe A. Les meilleures équipes du monde n'auront qu'un objectif : décrocher le plus prestigieux trophée du football mondial. La France est prête pour défendre sa couronne, précieusement acquise lors de la Coupe du monde de la FIFA 2018 en Russie. Une foule d'autres prétendants, dont le Brésil, l'Argentine, la Belgique, l'Allemagne, l'Espagne et l'Angleterre, seront également en lice pour ajouter une étoile à leur maillot.

Après avoir été désigné comme pays hôte de la Coupe du monde de la FIFA 2022 en 2010, le Qatar a travaillé dur pour en faire un tournoi inoubliable. Ce petit émirat situé dans le golfe Persique a réussi l'exploit de construire de nouveaux stades d'une architecture à couper le souffle dans cinq villes différentes.
Les supporters dans les tribunes et des millions de téléspectateurs auront droit à un spectacle incroyable. Des joueurs de légende comme Lionel Messi, Karim Benzema, Kylian Mbappé, Neymar et Kevin De Bruyne viendront sans aucun doute illuminer cette 22e édition de la Coupe du monde.

La fièvre du football

À chaque fois que débute la Coupe du monde de la FIFA, la passion pour le football atteint son paroxysme. La première édition a eu lieu en Uruguay en 1930 et les supporters locaux ont permis à leur équipe de vaincre l'Argentine en finale (4-2). Depuis, seulement sept autres pays ont réussi à décrocher une étoile ! À votre avis, quelle équipe soulèvera le trophée cette fois-ci ?

▶ L'Argentin Lionel Messi devrait jouer sa cinquième Coupe du monde au Qatar.

Les finales de la Coupe du monde FIFA :

2018	France 4-2 Croatie
2014	Allemagne 1-0 Argentine (AP)
2010	Espagne 1-0 Pays-Bas (AP)
2006	Italie 1-1 France*
2002	Brésil 2-0 Allemagne
1998	France 3-0 Brésil
1994	Brésil 0-0 Italie**
1990	Allemagne de l'Ouest 1-0 Argentine
1986	Argentine 3-2 Allemagne de l'Ouest
1982	Italie 3-1 Allemagne de l'Ouest
1978	Argentine 3-1 Pays-Bas (AP)
1974	Allemagne de l'Ouest 2-1 Pays-Bas
1970	Brésil 4-1 Italie
1966	Angleterre 4-2 Allemagne de l'Ouest (AP)
1962	Brésil 3-1 Tchécoslovaquie
1958	Brésil 5-2 Suède
1954	Allemagne de l'Ouest 3-2 Hongrie
1950	Uruguay 2-1 Brésil***
1938	Italie 4-2 Hongrie
1934	Italie 2-1 Tchécoslovaquie (AP)
1930	Uruguay 4-2 Argentine

* L'Italie a gagné 5-3 aux tirs au but.
** Le Brésil a gagné 3-2 aux tirs au but.
*** Le gagnant a été déterminé lors du dernier match de la phase de groupes.
(AP) Après prolongation

Qatar 2022 : le format du tournoi

Le 21 novembre, les yeux du monde seront tournés vers le stade Al-Thumama, où le Sénégal et les Pays-Bas disputeront le match d'ouverture de la compétition. En tant qu'hôte, le Qatar est automatiquement qualifié et participera au deuxième match de la journée contre l'Équateur. Les 31 autres pays ont préalablement validé leur qualification. Cette campagne de qualification a commencé pour certaines équipes dès le mois de juin 2019.

La phase de groupes

Les 32 équipes ont été réparties par tirage au sort dans huit groupes (les groupes A à H) de quatre équipes. Les rencontres de cette première phase seront jouées jusqu'au 2 décembre. Chaque équipe va rencontrer les trois adversaires de son groupe. À la suite de ces matchs, les équipes qui occupent les deux premières places de leur groupe passeront au tour suivant : la phase à élimination directe.

La phase à élimination directe :

Les équipes qui atteignent les huitièmes de finale s'affrontent ensuite lors de matchs à élimination directe. À cette étape, les vainqueurs d'un groupe affrontent les deuxièmes d'un autre groupe *(voir le calendrier des matchs pages 62-63)*. En cas d'égalité, les équipes joueront trente minutes de prolongation. Si cela ne parvient pas à les départager, une séance de tirs au but décidera du résultat. Les vainqueurs s'affronteront aux tours suivants jusqu'à atteindre la finale, qui se jouera le 18 décembre. Les deux demi-finalistes battus disputeront le match pour la troisième place le 17 décembre.

▼ L'Allemagne fête son quatrième titre mondial après avoir battu l'Argentine 1-0 lors de la finale de la Coupe du monde 2014 au Brésil.

Le prix ultime

Les équipes nationales s'affronteront à travers 64 matchs dans le but de remporter le trophée de la Coupe du monde de la FIFA. Ce prix emblématique mesure 36,8 cm et pèse un peu plus de 6 kg.
Le 18 décembre, le capitaine de l'équipe championne du monde aura l'honneur de le lever sous les acclamations de ses supporters.

Le trophée original

Le trophée Jules Rimet a été décerné aux pays ayant remporté les éditions disputées entre 1930 et 1970. Lorsque le Brésil a remporté le titre pour la troisième fois en 1970, il a été autorisé à conserver le trophée. Malheureusement, cette coupe a été volée en 1983 et n'a jamais été retrouvée.

Des stades époustouflants

C'est la première fois que la Coupe du monde se déroule au Moyen-Orient. De magnifiques stades ont été construits. Les architectes ont puisé leur inspiration dans les paysages, l'histoire et la culture qataris.

Stade Ahmad Bin Ali

Ville : Al-Rayyan ◆ **Capacité :** 40 000

On dirait : une arène ultramoderne qui respecte son environnement.

Inspiration du design : les dunes du désert d'Al-Rayyan.

Le saviez-vous ? Le stade a été officiellement inauguré exactement deux ans avant le coup d'envoi de la finale de la Coupe du monde de la FIFA 2022, qui se jouera le 18 décembre. Une fois le tournoi terminé, l'équipe de football locale, Al-Rayyan SC, élira domicile dans ce stade.

Stade Al-Thumama

Ville : Doha ◆ **Capacité:** 40 000

On dirait : un couvre-chef traditionnel arabe connu sous le nom de *gahfiya*.

Inspiration du design : le couvre-chef porté par les hommes dans tout le Moyen-Orient.

Le saviez-vous ? Bien que la conception soit basée sur le gahfiya, le stade Al-Thumama porte en fait le nom d'un arbre qatari qui pousse dans la région. Il est prévu de développer un hôtel et une clinique du sport dans ce stade après le Mondial.

▼ Le Stade Lusail s'élève comme un gigantesque bol doré.

Stade Lusail

Ville : Lusail ◆ **Capacité :** 80 000

On dirait : le lieu idéal pour la finale de la Coupe du monde de la FIFA 2022.

Inspiration du design : le visuel du stade s'inspire des motifs décoratifs qui figurent sur les bols de style arabe.

Le saviez-vous ? Ce stade est le plus grand du Mondial et il accueillera la finale le 18 décembre. Bien qu'il s'agisse d'une toute nouvelle arène, la plupart des sièges doivent être retirés après le tournoi et offerts pour développer d'autres projets sportifs à travers le monde.

Stade Education City
(à droite)

Ville : Al-Rayyan ◆ **Capacité :** 40 000

On dirait : un dôme futuriste et innovant.

Inspiration du design : les incroyables universités qui bordent ce stade ainsi que les espaces verts.

Le saviez-vous ? Inauguré en grande pompe en 2020, le stade Education City aura l'honneur d'accueillir le premier quart de finale, ainsi qu'un huitième de finale et six rencontres du premier tour.

Stade Al-Janoub

Ville : Al-Wakrah ◆ **Capacité :** 40 000

On dirait : une perle énorme, magnifique et brillante.

Inspiration du design : l'histoire d'Al-Wakrah, qui était autrefois un célèbre village de pêcheurs et de perliers.

Le saviez-vous ? Le stade Al-Janoub a été dévoilé au monde de façon spectaculaire en accueillant la finale de l'Amir Cup en 2019. Pour célébrer la victoire d'Al-Duhail SC et l'inauguration du stade, des feux d'artifice ont jailli autour de la nouvelle arène.

Stade Khalifa International
(ci-dessous)

Ville : Doha ◆ **Capacité :** 40 000

On dirait : le plus ancien stade de football du Qatar.

Inspiration du design : bien qu'entièrement rénové, ce stade a conservé son look des années 1970 avec notamment ses doubles arches qui continuent de balayer l'horizon.

Stade Al-Bayt (ci-dessus)

Ville : Al-Khor ◆ **Capacité :** 60 000

On dirait : une tente géante.

Inspiration du design : un type de tente appelé *bayt Al-sha'arqui,* qui est historiquement utilisé par les nomades du Qatar et dans toute la région du Golfe.

Le saviez-vous ? Le stade Al-Bayt accueillera le premier match du Qatar contre l'Équateur le 21 novembre. Les représentants de la FIFA ont décrit ce stade comme une arène unique et distinctive.

Stade 974

Ville : Doha ◆ **Capacité :** 40 000

On dirait : des conteneurs maritimes et des blocs de construction.

Inspiration du design : c'est un site renouvelable fabriqué à partir de conteneurs d'expédition. Les sièges et les blocs seront démontés après la compétition.

Le saviez-vous ? Le stade 974 est la première enceinte temporaire de l'histoire de la Coupe du monde. Il accueillera six matchs avant d'être démonté. Après le Mondial, ce site devrait devenir un magnifique front de mer accessible au public.

Les temps forts de la Coupe du monde de la FIFA

Voici quelques temps forts des précédentes éditions de la Coupe du monde de la FIFA.

1970

Super Canaris

L'équipe du Brésil, victorieuse lors de la Coupe du monde de la FIFA 1970, est certainement l'une des meilleures équipes de l'histoire du football. Avec des stars comme Pelé, Jairzinho, Roberto Rivelino et Tostão, ils ont écrasé tous leurs adversaires avant d'atteindre la finale, où les Brésiliens ont surclassé l'Italie avec le score sans appel de 4-1.

Récompenses à gogo

Une série de récompenses individuelles seront distribuées à l'issue du tournoi. Le meilleur buteur recevra le Soulier d'or Adidas, tandis que les meilleurs joueurs de la compétition se verront décerner le Ballon d'or Adidas et pour finir, le meilleur gardien sera récompensé par le Gant d'or Adidas.

1974

Le geste de Johan Cruyff

Le héros Néerlandais Johan Cruyff a mené son pays jusqu'à la finale de 1974 grâce à ses buts, ses passes décisives et surtout son talent incroyable. Lors du match contre la Suède, il a réalisé un geste technique exceptionnel en dribblant son défenseur avec une feinte de frappe, puis en effectuant un demi-tour à couper le souffle. Ce geste porte désormais le nom de « Cruyff turn ».

2006

Super travail d'équipe

Lors de la Coupe du monde de la FIFA 2006, l'équipe d'Argentine a inscrit l'un des plus beaux buts collectifs de l'histoire contre la Serbie-et-Monténégro. Après une possession de 56 secondes et une série de 24 passes impliquant neuf joueurs, le milieu de terrain Esteban Cambiasso a terminé le travail en envoyant un missile du pied gauche. L'Argentine a brillamment remporté la rencontre avec le score de 6-0.

2014

Le record de Klose

Cette édition a été le couronnement de la carrière du phénoménal buteur allemand Miroslav Klose. Non seulement son équipe a remporté le trophée, mais grâce à ses 2 buts, Klose a pu battre un record en devenant le meilleur buteur de l'histoire de la Coupe du monde de la FIFA (avec 16 buts en quatre éditions).

2018

Thriller à six buts

Depuis 1966, aucune finale de Coupe du monde n'avait offert autant de buts. Dans le Stade Loujniki, l'équipe de France a battu de courageux Croates sur le score de 4-2. Pourtant, ce ne fut pas simple pour les hommes de Didier Deschamps. La France a ouvert le score grâce à un but contre son camp de Mario Mandžukić, puis les Croates ont égalisé à la 28e. La France a ensuite mené 4-1 grâce à des buts d'Antoine Griezmann, de Paul Pogba et du prodige Kylian Mbappé, avant de se faire une petite frayeur à la suite d'une erreur du gardien Hugo Lloris. Les Bleus ont finalement remporté la rencontre 4-2, et le prestigieux titre de Champions du monde !

Le Qatar, c'est chic

Le Qatar est prêt pour célébrer le monde du football. Les supporters sont impatients de fêter le grand coup d'envoi le 21 novembre, dans le stade Al-Bayt de la ville d'Al-Khor, où ils pourront encourager pour la toute première fois en Coupe du monde l'équipe du Qatar.

Mesurant seulement 80 km de large et 160 km de long, le Qatar est le plus petit pays à avoir organisé le plus grand événement sportif de la planète. Néanmoins, le Qatar promet d'accueillir un tournoi exceptionnel et de charmer les visiteurs grâce à ses traditions culturelles et sa légendaire hospitalité.

Une ville unique

Le Qatar est un endroit dynamique et moderne. La capitale, Doha, est un mélange de sublimes bords de mer, de somptueux buildings high-tech, de promenades agréables et de boutiques de luxe. En dehors de Doha, le patrimoine qatari est riche, en témoignent ses anciens territoires de pêche ou encore sa tradition ancestrale du commerce de la perle.

▼ Les enthousiastes supporters du Qatar sont prêts à encourager leur équipe pour les pousser à aller le plus loin possible dans la compétition.

À la découverte des souks

Les souks sont des marchés traditionnels où les commerçants proposent des produits locaux aux habitants et aux visiteurs.
Les souks accueillent également des spectacles musicaux et des performances artistiques ainsi que des expositions. Le Souq Waqif à Doha existe depuis plus d'un siècle. Les visiteurs peuvent voyager en se baladant dans ses ruelles sinueuses, découvrir l'artisanat local, visiter les étals de perles et se rafraîchir en s'asseyant à la terrasse d'un café convivial.
Toujours à Doha, le « Gold Souq » et le « Falcon Souq » vous permettent de goûter au style de vie persan.

Croisière sur la Corniche

La célèbre promenade de la Corniche est une balade incontournable pour les visiteurs. Longue de plus de 7 km, elle est bordée de palmiers, de restaurants, de boutiques et d'aires de pique-nique...

Group A

QATAR

« En 2022, nous jouerons la Coupe du monde dans notre pays, ce qui signifie que nous ne serons pas intimidés. » Voilà les mots ambitieux de l'attaquant vedette du Qatar, Almoez Ali. En tant qu'hôtes du tournoi, les Qataris n'ont disputé aucun match de qualification, mais ils ont disputé plusieurs matchs amicaux très intéressants. Le sélectionneur Félix Sánchez Bas privilégie une configuration offensive en 4-3-3, mais son équipe peut s'adapter en passant à une tactique plus défensive en 5-3-2. Les supporters qataris espèrent voir des buts dès le premier match.

70
Ali et Al-Haydos ont inscrit plus de 70 buts internationaux à eux deux.

Almoez Ali a été titulaire durant la Coupe d'Asie des nations, la CONMEBOL Copa América et la Gold Cup de la Concacaf.

GUIDE DE L'ÉQUIPE

Capitaine : Hassan Al-Haydos
Entraîneur : Félix Sánchez Bas
Route vers le Qatar : qualifié automatiquement en tant qu'hôtes
Apparitions précédentes : n/a
Meilleur résultat : aucun

Joueurs à surveiller

Almoez Ali : prédateur des penaltys
Saad Al-Sheeb : bon tireur
Hassan Al-Haydos : numéro 10, buteur

▲ Al-Haydos a été entraîné par le champion du monde espagnol Xavi Hernández à Al-Sadd.

Groupe A

ÉQUATEUR

Lors des éliminatoires de la CONMEBOL, cette équipe a impressionné les experts en battant l'Uruguay 4-2 et en se qualifiant pour leur quatrième Coupe du monde. Durant ces qualifications, l'équipe de Gustavo Alfaro a gardé ses filets inviolés à six reprises. Cette solidité défensive permet à l'Équateur de lancer de redoutables contre-attaques. Cette équipe est un mélange de jeunes talents énergiques, comme l'ailier Gonzalo Plata et le défenseur Piero Hincapié, et de joueurs d'expérience comme l'avant Enner Valencia et milieu Carlos Gruezo.

6

Durant les qualifications, l'Équateur a battu la Colombie 6-1 avec six buteurs différents.

Enner Valencia est le meilleur buteur de l'Équateur avec 35 buts en 70 apparitions.

GUIDE DE L'ÉQUIPE

Capitaine : Enner Valencia
Entraîneur : Gustavo Alfaro
Route vers le Qatar : quatrième, CONMEBOL
Apparitions précédentes : 3
Meilleur résultat : huitièmes de finale (2006)

Joueurs à surveiller

Enner Valencia : buteur de classe mondiale
Gonzalo Plata : rapide et technique
Piero Hincapié : défenseur tenace

▲ Depuis 2021, Piero Hincapié impressionne en *Bundesliga* avec le Bayer Leverkusen.

Groupe A

SÉNÉGAL

Le Sénégal s'est qualifié pour sa troisième Coupe du monde après un palpitant match de barrage contre l'Égypte en mars 2022. Le match retour s'est conclu aux tirs au but et le penalty décisif a été marqué par l'attaquant Sadio Mané, qui avait également inscrit le penalty victorieux contre l'Égypte en finale de la Coupe d'Afrique des nations 2021. Avec plusieurs stars rayonnant dans de grands championnats comme Kalidou Koulibaly, Édouard Mendy ou encore Ismaïla Sarr, les Lions de la Teranga pourraient renouer avec leur prestigieux passé en Coupe du monde.

7

Le Sénégal a marqué lors de sept de leurs huit matchs de qualification.

L'attaquant Sadio Mané a marqué un but lors de la Coupe du monde 2018.

GUIDE DE L'ÉQUIPE

Capitaine : Kalidou Koulibaly
Entraîneur : Aliou Cissé
Route vers le Qatar : vainqueur, du troisième tour de la CAF
Apparitions précédentes : 2
Meilleur résultat : quarts de finale (2002)

Joueurs à surveiller

Édouard Mendy : gardien infranchissable
Sadio Mané : attaquant ultrarapide
Kalidou Koulibaly : solide défenseur central

▲ Édouard Mendy fait régulièrement des arrêts spectaculaires pour le Sénégal.

Groupe A

PAYS-BAS

L'expérimenté Louis van Gaal va mener les Pays-Bas pour la deuxième fois de sa carrière en Coupe du monde de la FIFA. Le stratège batave pourra se reposer sur de nombreuses stars comme Virgil van Dijk et Georginio Wijnaldum, tandis que Davy Klaassen, auteur de quatre buts et de quatre passes décisives en qualifications, est au top de sa forme. Les Pays-Bas aiment évoluer dans un système 4-3-3, avec plusieurs soutiens offensifs derrière Memphis Depay. Après une absence en 2018, les hommes de Louis Van Gaal sont impatients de montrer ce dont ils sont capables au monde entier.

3

L'équipe des Pays-Bas a terminé troisième lors de la Coupe du monde de football 2014.

Georginio Wijnaldum a marqué 26 buts lors de ses 85 premières sélections internationales.

GUIDE DE L'ÉQUIPE

Capitaine : Virgil van Dijk
Entraîneur : Louis van Gaal
Route vers le Qatar : vainqueur du Groupe G de l'UEFA
Apparitions précédentes : 10
Meilleur résultat : deuxième (2010, 1978, 1974)

Joueurs à surveiller

Virgil van Dijk : imposant défenseur central
Georginio Wijnaldum : milieu de terrain avec le sens du but
Memphis Depay : attaquant rapide et technique

▲ Van Dijk est capitaine des Pays-Bas depuis 2018.

Groupe B

ANGLETERRE

Après avoir atteint les demi-finales du Mondial 2018 et la finale de l'Euro 2020, l'équipe des *Three Lions* se rend au Qatar en débordant de confiance. L'entraîneur Gareth Southgate mise sur un 4-2-3-1, avec Harry Kane à la tête de l'attaque et Raheem Sterling, Jack Grealish ainsi que Mason Mount en support. Declan Rice est devenu le leader du milieu de terrain anglais composé de jeunes talents comme Jude Bellingham et Jadon Sancho. Avec cette équipe chatoyante, les supporters anglais devraient passer d'excellents moments au Qatar.

0

L'Angleterre est restée invaincue lors de sa qualification pour le Qatar. Sa dernière défaite durant une qualification en Coupe du monde remonte à 2009 !

Harry Kane porte le brassard de capitaine depuis juin 2017.

GUIDE DE L'ÉQUIPE

Capitaine : Harry Kane
Entraîneur : Gareth Southgate
Route vers le Qatar : vainqueur du Groupe I de l'UEFA
Apparitions précédentes : 15
Meilleur résultat : vainqueur (1966)

Joueurs à surveiller

Harry Kane : tueur devant le but
Jack Grealish : meneur de jeu créatif
Harry Maguire : leader défensif

▲ Grealish a marqué son premier but pour l'Angleterre lors de la victoire en déplacement 0-5 contre Andorre en octobre 2021.

Groupe B

IRAN

En qualification, le but de l'attaquant Mehdi Taremi lors d'une victoire 1-0 contre l'Irak a permis à l'Iran de valider son billet pour le Qatar. Ce succès complète une impressionnante série du sélectionneur Dragan Skočić. Depuis son arrivée en février 2020, il s'agissait en effet de sa 13e victoire en 14 matchs. Les Iraniens disputeront leur sixième Coupe du monde de la FIFA et leur rêve est d'atteindre les huitièmes de finale pour la première fois. Pour cela, ils auront certainement besoin de l'attaquant Sardar Azmoun, qui a marqué 40 buts lors de ses 62 premières sélections.

3
L'Iran dispute sa troisième Coupe du monde de la FIFA de suite.

GUIDE DE L'ÉQUIPE

Capitaine : Ehsan Hajsafi
Entraîneur : Dragan Skočić
Route vers le Qatar : vainqueur, troisième tour du groupe A de l'AFC
Apparitions précédentes : 5
Meilleur résultat : phase de groupes (2018, 2014, 2006, 1998, 1978)

Joueurs à surveiller

Mehdi Taremi : animé offensif
Sardar Azmoun : redoutable buteur
Alireza Jahanbakhsh : ailier qui aime déborder

▲ Azmoun, une véritable machine à buts, a été transféré au club allemand du Bayer Leverkusen en 2022.

En 2021, Mehdi Taremi a été nommé pour le prix Puskás de la FIFA pour un sublime but marqué avec le FC Porto.

Groupe B

ÉTATS-UNIS

Après avoir manqué le Mondial 2018, les États-Unis ont tout fait pour valider leur billet pour le Qatar. La sélection américaine bénéficiera de l'expérience de plusieurs stars évoluant en Europe comme l'attaquant Christian Pulisic, le milieu de terrain Tyler Adams et le polyvalent Giovanni Reyna. Sur le plan tactique, le coach Gregg Berhalter utilise une formation en 4-3-3 permettant de faire rayonner les jeunes joueurs offensifs comme Brenden Aaronson et Ricardo Pepi. Cette disposition devrait également permettre à Sergiño Dest de déborder sur son flanc droit. Bref, les États-Unis possèdent eux aussi de nombreux atouts pour briller au Qatar.

2026

La Coupe du monde de la FIFA 2026 sera conjointement organisée par les États-Unis, le Canada et le Mexique.

Christian Pulisic distribue le jeu en tant que n°10 derrière les attaquants.

GUIDE DE L'ÉQUIPE

Capitaine : Christian Pulisic
Entraîneur : Gregg Berhalter
Route vers le Qatar : troisième de la troisième manche de la Concacaf
Apparitions précédentes : 10
Meilleur résultat : troisième place (1930)

Joueurs à surveiller

Christian Pulisic : milieu offensif créatif
Weston McKennie : milieu avec un gros volume de jeu
Tyler Adams : milieu de terrain avec grand instinct défensif

▲ Tyler Adams a porté le brassard de capitaine durant la qualification à seulement 22 ans.

Groupe C

ARGENTINE

Outre sa superstar Lionel Messi, l'Albiceleste a la chance de compter d'autres joueurs talentueux qui devraient briller lors de ce Mondial. L'attaquant Lautaro Martínez a parfaitement comblé le vide laissé par la retraite de Gonzalo Higuaín, il est habilement épaulé par Messi et Ángel Di María dans un 4-3-3 explosif où Giovani Lo Celso s'impose comme un meneur de jeu. L'entraîneur Lionel Scaloni a intégré plusieurs nouveaux joueurs dans cette équipe expérimentée. Après avoir remporté la Copa América 2021, l'Argentine débarque au Qatar avec énormément de confiance.

9
Lors des qualifications, les 20 premiers buts de l'Argentine ont été marqués par neuf joueurs différents.

Lautaro Martínez a inscrit sept buts en 17 rencontres lors des qualifications pour la Coupe du monde FIFA 2022.

GUIDE DE L'ÉQUIPE

Capitaine : Lionel Messi
Entraîneur : Lionel Scaloni
Route vers le Qatar : deuxième, CONMEBOL
Apparitions précédentes : 17
Meilleur résultat : vainqueur (1986, 1978)

Joueurs à surveiller

Lionel Messi : The GOAT
Lautaro Martínez : buteur confirmé
Cristian Romero : solide défenseur central

▲ L'arrivée récente de jeunes joueurs comme Romero a permis d'améliorer l'équipe d'Argentine.

Groupe C

ARABIE SAOUDITE

Les Faucons Verts se sont facilement qualifiés pour la Coupe du monde de la FIFA 2022 en collectionnant les victoires. Entraînée par l'expérimenté coach français Hervé Renard, qui a remporté la Coupe d'Afrique des nations avec la Côte d'Ivoire et la Zambie, l'Arabie saoudite est une équipe bien rodée qui joue régulièrement en 4-2-3-1. L'attaquant Saleh Al-Shehri est habituellement soutenu par des joueurs créatifs comme Salem Al-Dawsari, Sami Al-Najei et Fahad Al-Muwallad. Sans oublier le travail défensif au milieu de terrain du redoutable capitaine Salman Al-Faraj.

2018
Hervé Renard entraînait l'équipe du Maroc lors de la Coupe du monde de la FIFA en 2018.

GUIDE DE L'ÉQUIPE

Capitaine : Salman Al-Faraj
Entraîneur : Hervé Renard
Route vers le Qatar : vainqueur, deuxième tour du Groupe D de l'AFC
Apparitions précédentes : 5
Meilleur résultat : huitièmes de finale (1994)

Joueurs à surveiller

Salman Al-Faraj : milieu de terrain intelligent
Firas Al-Buraikan : jeune attaquant bourré de talent
Saleh Al-Shehri: buteur redoutable

▲ Le capitaine Salman Al-Faraj a marqué un but lors de la Coupe du monde en 2018.

Cette Coupe du monde au Qatar offre une merveilleuse opportunité pour le jeune attaquant Firas Al-Buraikan (22 ans) de briller.

Groupe C

MEXIQUE

Le Mexique arrivera-t-il enfin à dépasser à nouveau les huitièmes de finale après avoir chuté à ce stade lors des sept dernières éditions ? Le sens du but de Raúl Jiménez et la créativité d'Hirving Lozano et d'Héctor Herrera seront cruciaux dans cette quête. Durant ses 14 matchs de qualification, le Mexique a gardé ses filets inviolés à huit reprises, notamment grâce au gardien Guillermo Ochoa et aux solides défenseurs Johan Vásquez, César Montes et Héctor Moreno. Soutenue par des fans passionnés, l'équipe du Mexique va tout donner pour faire rêver son peuple durant cette Coupe du monde.

8

Ce sera la 8e fois de suite que le Mexique participe à une Coupe du monde de la FIFA.

Grâce au fiable milieu de terrain Edson Álvarez, le Mexique a remporté la Gold Cup de la Concacaf en 2019.

GUIDE DE L'ÉQUIPE

Capitaine : Andrés Guardado
Entraîneur : Gerardo Martino
Route vers le Qatar : deuxième, du troisième tour Concacaf
Apparitions précédentes : 16
Meilleur résultat : quart de finale (1970, 1986)

Joueurs à surveiller

Raúl Jiménez : renard des surfaces
Hirving Lozano : ailier polyvalent
Edson Álvarez : solide milieu de terrain défensif

▲ Pour sa troisième participation en Coupe du monde, Raúl Jiménez cherchera à inscrire son tout premier but lors d'un Mondial.

Groupe C

POLOGNE

Au Qatar, les fans veulent voir les meilleurs joueurs du monde. C'est pourquoi tout le monde scrutera avec attention la Pologne, conduite par l'incroyable Robert Lewandowski. Cet attaquant de classe mondiale a marqué lors de la victoire 2-0 en barrage contre la Suède et il a hâte d'inscrire son premier but lors d'une Coupe du monde. L'entraîneur Czesław Michniewicz, qui a pris ses fonctions en janvier 2022, s'appuiera sur l'expérience de joueurs tels que Wojciech Szczęsny et Grzegorz Krychowiak ainsi que sur la jeunesse de Matty Cash et de Karol Świderski.

75

En barrage contre la Suède, le but de Robert Lewandowski était son 75e pour la Pologne.

Le style de jeu d'Arkadiusz Milik a été comparé à celui de son compatriote Lewandowski.

GUIDE DE L'ÉQUIPE

Capitaine : Robert Lewandowski

Entraîneur : Czesław Michniewicz

Route vers le Qatar : deuxième du groupe I de l'UEFA ; matchs de barrage

Apparitions précédentes : 8

Meilleur résultat : troisième place (1982, 1974)

Joueurs à surveiller

Robert Lewandowski: attaquant de classe mondiale

Arkadiusz Milik: attaquant au pied gauche redoutable

Jan Bednarek: défenseur serein et habile

▲ En club, Lewandowski a marqué plus de 500 buts dans sa carrière.

Groupe D

FRANCE

La France a connu de nombreux succès depuis l'arrivée de Didier Deschamps en 2012. Les Bleus ont remporté la Coupe du monde en 2018, la Ligue des nations de l'UEFA en 2021 ainsi qu'une place de finaliste lors de l'Euro 2016. L'équipe de France dispose d'une multitude de talents à tous les postes. Le gardien Hugo Lloris contrôle sa surface de réparation avec autorité, le défenseur Raphaël Varane flaire n'importe quel danger et, à l'avant, les buts peuvent tomber à tout moment avec Antoine Griezmann, Kylian Mbappé et Karim Benzema. Question : Deschamps peut-il mener les Bleus à un nouveau sacre mondial ?

2017

L'année où Mbappé a fait ses débuts avec l'équipe de France à seulement 18 ans.

GUIDE DE L'ÉQUIPE

Capitaine : Hugo Lloris
Entraîneur : Didier Deschamps
Route vers le Qatar : vainqueur du Groupe D de l'UEFA
Apparitions précédentes : 15
Meilleur résultat : vainqueur (2018, 1998)

Joueurs à surveiller

Kylian Mbappé : joueur de classe mondiale
N'Golo Kanté: pivot de l'entrejeu
Raphaël Varane: solide et habile défenseur

▲ Lors de la Coupe du monde 2018, Varane est le seul joueur français à avoir joué tous les matchs en entier.

Kylian Mbappé a marqué lors de la finale de la Coupe du monde 2018 contre la Croatie, ainsi qu'en finale de la Ligue des nations de l'UEFA contre l'Espagne en 2021.

Groupe D

DANEMARK

Les Danois ont réalisé une campagne de qualification presque parfaite en remportant neuf matchs sur dix ! Les hommes de Kasper Hjulmand ont atteint les demi-finales de l'Euro 2020 après le terrible accident cardiaque de leur star Christian Eriksen. Cette équipe est portée par les talentueux milieux de terrain Thomas Delaney et Pierre-Emile Højbjerg. À l'avant, le génial duo d'attaquants Kasper Dolberg et Yussuf Poulsen fait des miracles. Outre ses nombreuses qualités, le Danemark possède une grande capacité d'adaptation tactique en fonction de l'adversaire. Cette adaptabilité devrait leur être bien utile au Qatar.

8

Le Danemark a enchaîné huit rencontres de suite sans encaisser de but durant sa campagne de qualification pour la Coupe du monde au Qatar.

GUIDE DE L'ÉQUIPE

Capitaine : Simon Kjær
Entraîneur : Kasper Hjulmand
Route vers le Qatar : vainqueur du Groupe F de l'UEFA
Apparitions précédentes : 5
Meilleur résultat : quart de finale (1998)

Joueurs à surveiller

Simon Kjær : puissant défenseur central
Pierre-Emile Højbjerg : milieu de terrain énergique
Kasper Dolberg : attaquant avec une grande technique

▲ Dolberg a marqué à deux reprises dans le match de qualification contre la Moldavie en mars 2021.

Simon Kjær a la particularité d'avoir joué dans plusieurs grands championnats : Danemark, Italie, Allemagne, France, Turquie et Espagne.

Groupe D

TUNISIE

Lors de la Coupe du monde 2018 en Russie, le premier match de groupe de la Tunisie s'est soldé dans le temps additionnel par une douloureuse défaite. Quatre ans plus tard, l'équipe est déterminée à briller dès son entrée dans la compétition, convoitant une place en huitièmes de finale. La ruse et la vision offensive du jeu de Wahbi Khazri, couplées aux buts de Naïm Sliti et de Youssef Msakni, donnent aux Aigles de Carthage suffisamment d'arguments pour inquiéter n'importe quel adversaire. Si la défense reste solide, leur entraîneur Jalel Kadri pourra espérer une place parmi les deux premiers du groupe.

6

Grâce à sa solide défense, la Tunisie s'est qualifiée en six matchs sans faux pas.

Attention au numéro 77, Youssef Msakni, l'habile capitaine des *Aigles de Carthage*.

GUIDE DE L'ÉQUIPE

Capitaine : Youssef Msakni
Entraîneur : Jalel Kadri
Route vers le Qatar : vainqueur de la troisième manche de la CAF
Apparitions précédentes : 5
Meilleur résultat : phase de groupes (2018, 2006, 2002, 1998, 1978)

Joueurs à surveiller

Youssef Msakni : astucieux ailier
Wahbi Khazri : ingénieux attaquant
Ali Maâloul : élégant arrière gauche

▲ Wahbi Khazri, milieu de terrain offensif/attaquant très apprécié, a inscrit trois buts pour aider la Tunisie à se qualifier.

Groupe E

ESPAGNE

Il ne fait aucun doute que la *Roja* dispose d'une équipe suffisamment armée pour renouer avec la gloire. L'entraîneur Luis Enrique est déterminé à combiner la fougue et le talent des jeunes milieux de terrain Pedri et Gavi avec l'expérience de joueurs comme Sergio Busquets, Koke, Jordi Alba et Álvaro Morata. L'Espagne est connue pour son style de jeu soigné, basé sur la possession du ballon. Au Qatar, les éléments semblent réunis pour offrir à la *Roja* un nouveau titre après celui de 2010 en Afrique du Sud.

12

Au Qatar, l'Espagne participera à sa 12e Coupe du monde d'affilée !

Ferran Torres, le jeune attaquant du FC Barcelone, a marqué quatre buts en six matchs de qualification.

GUIDE DE L'ÉQUIPE

Capitaine : Sergio Busquets
Entraîneur : Luis Enrique
Route vers le Qatar : vainqueur du Groupe B de l'UEFA
Apparitions précédentes : 15
Meilleur résultat : vainqueur (2010)

Joueurs à surveiller

Ferran Torres : attaquant percutant
Pedri : jeune milieu de terrain talentueux
Aymeric Laporte : roc défensif

▲ Pedri utilisera sa technique exceptionnelle pour dribbler les défenseurs au Qatar.

Groupe E

ALLEMAGNE

Lors de la dernière Coupe du monde, la prestation de l'Allemagne fut catastrophique. Les champions du monde en titre ont été éliminés au premier tour en terminant derniers de leur groupe. Depuis août 2021, Hansi Flick a repris les commandes de la *Mannschaft*. Le sélectionneur a mis en place une équipe disciplinée et créative. Durant la campagne de qualification, les jeunes attaquants Jamal Musiala et Karim Adeyemi se sont parfaitement intégrés dans l'effectif. Au Qatar l'escadrille offensive allemande devrait enchaîner les buts.

GUIDE DE L'ÉQUIPE

Capitaine : Manuel Neuer
Entraîneur : Hansi Flick
Route vers le Qatar : vainqueur du Groupe J de l'UEFA
Apparitions précédentes : 19
Meilleur résultat : vainqueur (2014, 1990, 1974, 1954)

Joueurs à surveiller

Serge Gnabry : redoutable attaquant
Kai Havertz: capable de perforer les défenses
Timo Werner: leader et travailleur acharné

▲ En 2021, l'attaquant vedette Timo Werner a remporté la Ligue de champions de l'UEFA avec Chelsea.

1
L'Allemagne a été la première équipe à se qualifier pour le Qatar 2022.

Serge Gnabry a inscrit cinq buts et délivré deux passes décisives en huit matchs de qualification.

Groupe E

JAPON

En mars 2022, le Japon a validé sa qualification grâce à une victoire 2-0 contre l'Australie. Ce fut une campagne délicate pour le *Samurai Blue*, qui a subi des défaites inattendues contre Oman et l'Arabie saoudite. Néanmoins, le Japon a réussi à rebondir afin de se qualifier pour sa 7e Coupe du monde d'affilée. Minamino de Liverpool, Ito de Genk et Mitoma de l'Union Saint-Gilloise auront la mission d'affoler le compteur de buts. Pour cela, ils pourront bénéficier de l'expérience du virevoltant attaquant Yuya Osako.

58
Le nombre de buts marqués par le Japon pour se qualifier pour cette Coupe du monde.

GUIDE DE L'ÉQUIPE

Capitaine : Maya Yoshida
Entraîneur : Hajime Moriyasu
Route vers le Qatar : finaliste de l'AFC, troisième tour Groupe B
Apparitions précédentes : 6
Meilleur résultat : huitièmes de finale (2018, 2010, 2002)

Joueurs à surveiller

Takumi Minamino : attaquant rusé
Maya Yoshida : ciment de la défense japonaise
Takehiro Tomiyasu : défenseur polyvalent

▲ Le défenseur d'Arsenal, Takehiro Tomiyasu a fait ses débuts en équipe nationale à seulement 19 ans.

Qatar 2022 sera la première Coupe du monde de la FIFA de Takumi Minamino.

Groupe F

BELGIQUE

Ce tournoi représente-t-il la dernière chance pour la génération dorée des Diables rouges de soulever enfin la Coupe du monde ? En 2018, leur troisième place et leur style de jeu avaient impressionné le monde du foot, mais ses stars Eden Hazard, Kevin De Bruyne et Romelu Lukaku approchent tout doucement de la fin de leur carrière.

Depuis 2016, le tacticien espagnol Roberto Martínez est à la tête de cette équipe offensive qui privilégie les combinaisons rapides et qui raffole des contre-attaques.

De plus, cette équipe a la chance de pouvoir compter sur le meilleur gardien du monde : l'infranchissable Thibaut Courtois !

1

De 2018 à 2022, la Belgique a été en tête du classement mondiale de la FIFA/Coca-Cola.

Romelu Lukaku a marqué cinq buts lors des Coupes du monde 2014 et 2018.

GUIDE DE L'ÉQUIPE

Capitaine : Eden Hazard
Entraîneur : Roberto Martínez
Route vers le Qatar : vainqueur, du groupe E de l'UEFA
Apparitions précédentes : 13
Meilleur résultat : troisième place (2018)

Joueurs à surveiller

Romelu Lukaku: machine à marquer des buts
Kevin De Bruyne: maestro des passes décisives
Thibaut Courtois: le meilleur gardien du monde

▲ Kevin De Bruyne fait partie de la fameuse « génération dorée » de la Belgique, qui comprend également le capitaine Eden Hazard.

Groupe F

CANADA

Dirigés de main de maître par John Herdman, qui s'est occupé auparavant des équipes nationales féminines du Canada et de la Nouvelle-Zélande, les *Canucks* sont impatients de retrouver la Coupe du monde après 36 ans d'absence. Cette équipe contient d'excellents joueurs, notamment la star du Bayern Munich Alphonso Davies, l'un des joueurs les plus rapides du monde ! Sur le papier, l'attaque canadienne impressionne avec Cyle Larin, Jonathan David ou encore Lucas Cavallini. Avec ses qualités, le Canada peut créer une surprise en se qualifiant pour les huitièmes de finale au Qatar.

1986

La dernière fois que le Canada a participé à une Coupe du monde de la FIFA.

Alphonso Davies évolue sur l'aile gauche au Bayern Munich en *Bundesliga*.

GUIDE DE L'ÉQUIPE

Capitaine : Atiba Hutchinson
Entraîneur : John Herdman
Route vers le Qatar : vainqueur de la troisième manche de la Concacaf
Apparitions précédentes : 1
Meilleur résultat : phase de groupes (1986)

Joueurs à surveiller

Alphonso Davies: gaucher ultrarapide
Cyle Larin: renard des surfaces
Junior Hoilett: travailleur acharné

▲ Cyle Larin est le meilleur buteur du Canada. Il a marqué 35 buts en 50 sélections.

Groupe F

MAROC

Lors des qualifications, le Maroc a été la seule équipe africaine à avoir remporté tous les matchs du deuxième tour. Grâce à leur victoire en barrage contre la RD Congo (5-2), les Lions de l'Atlas ont facilement validé leur billet pour cette coupe du Monde 2022. L'entraîneur, Vahid Halilhodžić, a le loisir de pouvoir adapter sa formation en fonction de l'opposition, en utilisant un 5-3-2 défensif ou en passant à un 4-3-1-2 plus offensif. Le Maroc possède un excellent esprit d'équipe et une solide organisation, des qualités qui pourraient permettre aux Lions de l'Atlas de créer une grande surprise au Qatar.

25
Le nombre de buts marqués par le Maroc durant les huit matchs de qualifications.

GUIDE DE L'ÉQUIPE

Capitaine : Romain Saïss
Entraîneur : Vahid Halilhodžić
Route vers le Qatar : vainqueur de la troisième manche de la CAF
Apparitions précédentes : 5
Meilleur résultat : huitièmes de finale (1986)

Joueurs à surveiller

Achraf Hakimi : arrière droit polyvalent
Youssef En-Nesyri : attaquant rusé
Yassine Bounou : gardien débordant de talent

▲ Le gardien Yassine Bounou n'a concédé qu'un but lors du deuxième tour des éliminatoires de la CAF.

Achraf Hakimi a remporté de nombreux titres avec le Paris Saint-Germain, l'Inter Milan, le Borussia Dortmund et le Real Madrid.

Groupe F

CROATIE

La Croatie s'est qualifiée pour le Qatar 2022 grâce à une victoire poussive 1-0 avec un but contre son camp en fin de match face à la Russie. Les finalistes de la dernière Coupe du monde ont conservé leur noyau dur avec Dejan Lovren, qui continue de diriger avec autorité la défense, le légendaire Luka Modrić (37 ans), qui apporte sa magie au milieu de terrain et l'attaquant Ivan Perišić, qui continue à accumuler les buts. Mais une question se pose : cette équipe ne devient-elle pas trop vieillissante ? Réponse au Qatar !

4

Luka Modrić disputera sa quatrième Coupe du monde de la FIFA.

Souvent utilisé sur l'aile gauche, Ivan Perišić compte 32 buts avec la Croatie.

GUIDE DE L'ÉQUIPE

Capitaine : Luka Modrić
Entraîneur : Zlatko Dalić
Route vers le Qatar : vainqueur du Groupe H de l'UEFA
Apparitions précédentes : 5
Meilleur résultat : deuxième (2018)

Joueurs à surveiller

Luka Modrić : maître du milieu de terrain
Ivan Perišić : pied gauche ravageur
Marcelo Brozović : couvre le milieu de terrain

▲ Modrić a marqué trois buts lors des qualifications pour le Qatar 2022.

Groupe G

BRÉSIL

Les quintuples champions du monde semblent prêts à remporter un nouveau titre après 20 années de disette. Neymar forme une redoutable attaque en compagnie du duo Gabriel Jesus et Roberto Firmino, qui a l'habitude d'illuminer la Premier League de leur talent. Au milieu, Casemiro règne en maître alors que, derrière lui, Marquinhos continue de briller en défense. L'entraîneur Tite aura un choix difficile à faire pour le poste de gardien, car Alisson et Ederson se disputent la place de titulaire. L'équipe du Brésil est prête pour frapper un grand coup au Qatar.

21

Le Brésil est le seul pays au monde à avoir participé aux 21 Coupes du monde de la FIFA.

La superstar Neymar a réussi un triplé contre le Pérou durant les qualifications.

GUIDE DE L'ÉQUIPE

Capitaine : Thiago Silva
Entraîneur : Tite
Route vers le Qatar : vainqueur, CONMEBOL
Apparitions précédentes : 21
Meilleur résultat : vainqueur (2002, 1994, 1970, 1962, 1958)

Joueurs à surveiller

Neymar : attaquant vedette
Gabriel Jesus : attaquant polyvalent
Marquinhos: élégant défenseur central

▲ La polyvalence de Gabriel Jesus lui permet de jouer à plusieurs postes offensifs.

Groupe G

SERBIE

La Serbie s'est qualifiée pour le Qatar 2022 grâce à une spectaculaire victoire à la 90e minute de leur dernier match de qualification contre le Portugal. Ce soir-là, l'attaquant Aleksandar Mitrović a été le héros de toute la nation. Cette équipe redoutable possède de nombreux atouts, notamment le capitaine Dušan Tadić, qui a une vista incroyable pour distribuer les passes décisives, le solide milieu de terrain Sergej Milinković-Savić et le jeune attaquant de 22 ans Dušan Vlahović. Au Qatar, la Serbie aura un objectif précis : atteindre au minium les huitièmes de finale.

Dušan Tadić a marqué deux buts et distribué six passes décisives lors des qualifications.

GUIDE DE L'ÉQUIPE

Capitaine : Dušan Tadić
Entraîneur : Dragan Stojković
Route vers le Qatar : vainqueur du Groupe A de l'UEFA
Apparitions précédentes : 12
Meilleur résultat : quatrième place (1962, 1930 – sous le nom de Yougoslavie)

Joueurs à surveiller

Aleksandar Mitrović: renard des surfaces
Dušan Tadić: distributeur de passes décisives
Dušan Vlahović: spectaculaire attaquant

▲ Vlahović participera à sa première Coupe du monde de la FIFA après avoir impressionné en Série A tout au long de la dernière saison.

5

Mitrović a mis seulement cinq minutes pour trouver le chemin des filets contre la Suisse lors de la Coupe du monde 2018.

Groupe G

SUISSE

Durant les qualifications, la Suisse a créé une grosse surprise en devançant l'Italie, les récents champions d'Europe 2020, tout en restant invaincue lors des huit matchs de qualification. Durant l'Euro 2020, les Suisses avaient déjà fait parler d'eux en éliminant la France avant de s'incliner de justesse contre l'Espagne en quart de finale. Bien que cette équipe n'ait pas de superstar, la vitesse de Xherdan Shaqiri, l'expérience de Granit Xhaka et la perspicacité de Breel Embolo offrent à la Nati de très belles perspectives pour le Qatar 2022.

100

L'expérimenté milieu de terrain Granit Xhaka a célébré sa 100e sélection en mars 2022.

GUIDE DE L'ÉQUIPE

Capitaine : Granit Xhaka

Entraîneur : Murat Yakin

Route vers le Qatar : vainqueur du Groupe C de l'UEFA

Apparitions précédentes : 11

Meilleur résultat : quart de finale (1954, 1938, 1934)

Joueurs à surveiller

Xherdan Shaqiri: attaquant explosif

Haris Seferović: attaquant puissant et rusé

Granit Xhaka: milieu de terrain inépuisable

▲ Au Qatar 2022, Seferović participera à sa troisième Coupe du monde de la FIFA.

Haris Seferović a trouvé le chemin des filets durant l'Euro 2020 et la Coupe du monde 2014.

Groupe G

CAMEROUN

Le Cameroun s'est qualifié lors d'un match de barrage épique contre l'Algérie. Karl Toko-Ekambi a inscrit le but libérateur à la 124e minute, durant les prolongations. L'entraîneur, Rigobert Song, qui a déjà disputé quatre Coupes du monde, partagera toute son expérience avec ses joueurs. André Onana, Michael Ngadeu Ngadjui, André-Frank Zambo Anguissa et Vincent Aboubakar forment la colonne vertébrale de l'équipe. À l'avant, le duo Karl Toko-Ekambi et Eric Maxim Choupo-Moting a la mission d'inscrire de nombreux buts.

8

Au Qatar, le Cameroun participera à sa huitième Coupe du monde de la FIFA, ce qui constitue un record pour une nation africaine.

Durant la campagne de qualification, Karl Toko-Ekambi a marqué trois buts.

GUIDE DE L'ÉQUIPE

Capitaine : Vincent Aboubakar
Entraîneur : Rigobert Song
Route vers le Qatar : vainqueur de la troisième manche de la CAF
Apparitions précédentes : 7
Meilleur résultat : quart de finale (1990)

Joueurs à surveiller

Vincent Aboubakar : buteur expérimenté
Karl Toko Ekambi : attaquant avec de la vista
André Onana : gardien rapide et agile

▲ Depuis 2016, le gardien André Onana joue en *Eredivisie* pour le club légendaire de l'Ajax d'Amsterdam.

Groupe H

PORTUGAL

Le Portugal s'est qualifié pour le Qatar 2022 en éliminant facilement la Macédoine du Nord lors d'un match de barrage. Cette équipe de stars, composée notamment de Cristiano Ronaldo, Diogo Jota, João Félix, Bruno Fernandes, mais aussi du roc défensif Rúben Dias, cherche encore la bonne formule pour briller. Si le Portugal retrouve son jeu, qui lui a permis de remporter l'Euro 2016 et la Ligue des Nations 2019, il faudra à coup sûr compter avec eux au Qatar. Il s'agira certainement du dernier Mondial pour CR7… un départ glorieux ou sur la pointe des pieds ?

3

Le trio de Manchester City, Bernardo Silva, João Cancelo et Rúben Dias rayonne en équipe nationale.

GUIDE DE L'ÉQUIPE

Capitaine : Cristiano Ronaldo
Entraîneur : Fernando Santos
Route vers le Qatar : victoire en matchs de barrage
Apparitions précédentes : 7
Meilleur résultat : troisième (1966)

Joueurs à surveiller

Cristiano Ronaldo : Le meilleur buteur du monde
Rúben Dias : patron de la défense
Diogo Jota : attaquant rusé et intelligent

▲ Rúben Dias dirige avec autorité la défense, et la qualité de ses passes longues est reconnue à travers le monde.

Cristiano Ronaldo détient le record de buts (115) en équipe nationale.

Groupe H

GHANA

Les *Black Stars* sont de retour en Coupe du monde après leur absence en 2018. L'expérimenté capitaine André Ayew, qui a plus de 100 sélections à son actif, aura la mission d'organiser les offensives ghanéennes. Pour cela, il pourra compter sur l'aide de son frère cadet, Jordan, et du puissant milieu Thomas Partey. La tactique du Ghana repose sur des contre-attaques explosives. Les hommes d'Otto Addo peuvent aussi compter sur une solide défense dirigée par Daniel Amartey, l'excellent défenseur de Leicester City.

2010

Il y a douze ans, le Ghana avait réalisé un parcours héroïque en atteignant les quarts de finale de la Coupe du monde en Afrique du Sud.

Jordan Ayew est né à Marseille et il a joué pour l'OM de 2009 à 2014.

GUIDE DE L'ÉQUIPE

Capitaine : André Ayew
Entraîneur : Otto Addo
Route vers le Qatar : vainqueur de la troisième manche de la CAF
Apparitions précédentes : 3
Meilleur résultat : quart de finale (2010)

Joueurs à surveiller

André Ayew : capitaine inspirant
Thomas Partey : puissant milieu de terrain
Jordan Ayew: cool et calme devant le but

▲ Thomas Partey a passé un cap depuis qu'il a rejoint le club d'Arsenal en Premier League.

Groupe H

URUGUAY

Depuis que Diego Alonso a pris ses fonctions en décembre 2021, l'Uruguay est devenu une machine à gagner, notamment lors des qualifications pour le Qatar 2022. Ce sera la quatrième participation de suite à une Coupe du monde de la FIFA pour les stars Diego Godín, Luis Suárez et Edinson Cavani. Ces piliers restent cruciaux pour l'Uruguay, et grâce aux ajouts des talentueux Rodrigo Bentancur et Federico Valverde, la Celeste sera une fois de plus une équipe à surveiller. C'est la dernière occasion pour le duo légendaire Suárez-Cavani de briller sur la scène mondiale, que le spectacle commence !

120

Luis Suárez et Edinson Cavani ont marqué plus de 120 buts internationaux à eux deux.

Durant sa carrière, Luis Suárez a marqué 29 buts lors des qualifications de Coupe du monde de la FIFA.

GUIDE DE L'ÉQUIPE

Capitaine : Diego Godín
Entraîneur : Diego Alonso
Route vers le Qatar : troisième, CONMEBOL
Apparitions précédentes : 13
Meilleur résultat : vainqueur (1950, 1930)

Joueurs à surveiller

Luis Suárez: le meilleur buteur de l'Uruguay (67 buts)
Diego Godín: patron de la défense centrale
Rodrigo Bentancur: puissant milieu de terrain

▲ Diego Godín règne en maître dans les duels aériens offensifs et défensifs.

Groupe H

CORÉE DU SUD

Au Qatar, la Corée du Sud participera à sa 10e Coupe du monde de suite ! L'entraîneur portugais Paulo Bento dirige cette équipe depuis plus de quatre ans et il s'est révélé être un tacticien polyvalent.
Il alterne une formation 4-3-3 et 4-4-2 en fonction des oppositions et de la tournure des matchs. La défense est dirigée par l'excellent Kim Young-gwon et le milieu de terrain par Lee Jae-sung. La superstar Son Heung-min mène habilement l'attaque avec le soutien de Hwang Hee-chan et Hwang Ui-jo.

3

Son Heung-min a déjà marqué trois buts en Coupe du monde de la FIFA.

Totalement ambidextre, Hwang Ui-jo fait profiter de sa puissance et de sa dextérité en attaque.

GUIDE DE L'ÉQUIPE

Capitaine : Son Heung-min
Entraîneur : Paulo Bento
Route vers le Qatar : deuxième du troisième tour AFC, Groupe A
Apparitions précédentes : 10
Meilleur résultat : demi-finale (2002)

Joueurs à surveiller

Son Heung-min: attaquant de classe mondiale
Hwang Hee-chan: attaquant rusé et rapide
Hwang Ui-jo: attaquant ambidextre

▲ La saison dernière, Hwang Hee-chan a impressionné toute la Premier League avec Wolverhampton Wanderers.

Les trois derniers qualifiés

En avril, 29 des 32 équipes étaient déjà connues lors du tirage au sort des groupes de la Coupe du monde à Doha. Les trois dernières places ont été attribuées lors de passionnants matchs de barrage qui se sont déroulés en juin 2022. Ces *playoffs* ont offert une dernière chance de rejoindre la Coupe du monde au Qatar.

© FIFA TM

Barrages décisifs

Ce sont finalement le pays de Galles, l'Australie et le Costa Rica qui se sont héroïquement qualifiés. Pour l'Italie, quadruple vainqueur de la Coupe du monde de la FIFA, la défaite face à la Macédoine du Nord a rouvert les blessures de la défaite contre la Suède dans les barrages de la Coupe du monde de football 2018. Cette énorme surprise prouve à quel point il est difficile de se qualifier, même pour les plus grandes nations.

▼ Le tirage au sort de la phase finale a eu lieu le 1er avril au Palais des congrès et des expositions de Doha.

Gareth Bale, attaquant du pays de Galles, a fait une superbe démonstration contre l'Autriche lors du match de barrage.

Rencontres mémorables

Les matchs de barrage sont très difficiles à aborder, car la qualification se joue en seulement 90 minutes. L'équipe d'Uruguay est experte en la matière. En effet, les doubles champions du monde ont disputé quatre barrages consécutifs pour tenter de se qualifier en 2002, 2006, 2010 et 2014 et ils n'ont connu qu'une seule défaite en 2006. De son côté, l'Australie n'est pas en reste avec deux qualifications consécutives en barrage. Pour la Coupe du monde Qatar 2022, l'Australie a réussi à se qualifier en éliminant le Pérou aux tirs au but (5-4).

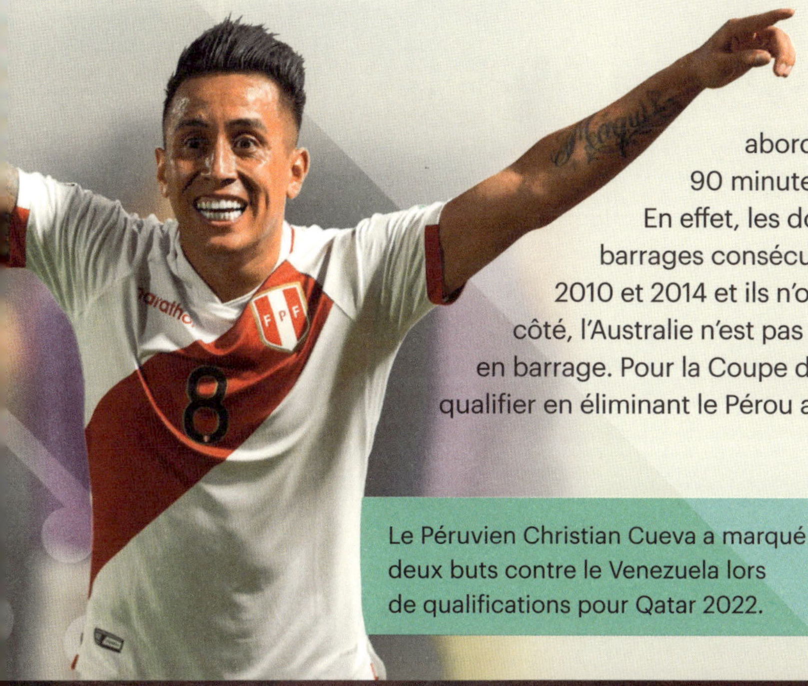

Le Péruvien Christian Cueva a marqué deux buts contre le Venezuela lors de qualifications pour Qatar 2022.

Trio de tête

Dans les cases ci-dessous, inscrivez le nom des trois derniers pays qualifiés pour la Coupe du monde de la FIFA 2022 après leur succès lors des ***playoffs*** en juin. Toutes nos félicitations à ces nations qui ont réussi à se qualifier pour le plus grand événement sportif de la planète.

1 ....

2 ....

3 ....

Les stars de la Coupe du monde de la FIFA
ATTAQUANTS

LIONEL MESSI

Pays : Argentine ◆ **Club :** Paris Saint-Germain
Date de naissance : 24 juin 1987

162 sélections · 86 buts

Ces deux dernières décennies, nous nous sommes habitués à voir le légendaire numéro 10 argentin slalomer entre les défenses adverses avant d'envoyer une frappe au fond des filets. Mais à 35 ans, Qatar 2022 pourrait bien être le dernier moment de gloire de Lionel Messi. Durant les qualifications, Messi a mené son équipe et marqué plusieurs buts décisifs. En juin 2022, Lionel Messi a également réussi l'exploit de marquer les cinq buts lors de la victoire contre l'Estonie (5-0). Chers fans, il est maintenant temps de s'installer confortablement et de profiter de la magie du grand Lionel Messi au Qatar !

6

Messi a déjà marqué six buts en Coupe du monde de la FIFA.

ROMELU LUKAKU

Pays : Belgique ◆ **Club :** Chelsea
Date de naissance : 13 mai 1993

102 sélections 68 buts

Aussi incroyable que cela puisse paraître, Romelu Lukaku a inscrit 68 buts en 102 sélections pour la Belgique. Cependant, ses buts résultent d'un travail collectif avec de magnifiques passeurs comme Kevin De Bruyne ou encore Eden Hazard. Romelu est un attaquant rusé et lorsqu'il se trouve à proximité du goal, il trouve généralement le chemin des filets. Lukaku a marqué cinq buts en seulement quatre matchs de qualification. Au Qatar, si Lukaku bat son record de quatre buts inscrits lors du Mondial 2018, cela sera synonyme d'exploit pour la Belgique.

KYLIAN MBAPPÉ

Pays : France ◆ **Club :** Paris Saint-Germain
Date de naissance : 20 décembre 1998

55 sélections 26 buts

Kylian Mbappé a marqué cinq buts en six matchs lors de la campagne de qualification. Mais Kylian n'est pas seulement un buteur exceptionnel, son jeu et son impact collectif se sont considérablement développés. Ses dribbles, sa vista, sa vitesse et sa technique en mouvement forment une équation qu'aucune défense ne peut résoudre actuellement. Grâce à ses incroyables performances lors de la victoire en 2018, Mbappé a déjà inscrit son nom dans le livre d'or de la FIFA. Mais le « show Mbappé » ne fait que commencer !

NEYMAR

Pays : Brésil ◆ **Club :** Paris Saint-Germain
Date de naissance : 5 février 1992

118 sélections 73 buts

Au Qatar, Neymar sera le joueur clé de l'attaque brésilienne pour la troisième fois de suite en Coupe du monde. Lors de la campagne de qualification, Neymar a inscrit de nombreux buts et, surtout, il a pris son rôle de leader avec sérieux et application. Le Brésil figure parmi les favoris de la compétition, Neymar aura donc beaucoup de pression sur les épaules, mais l'attaquant du PSG aime cela. Espérons pour les fans brésiliens que Neymar puisse atteindre son meilleur niveau et faire ainsi rayonner son incroyable talent.

Les stars de la Coupe du monde de la FIFA

ATTAQUANTS

HARRY KANE

Pays : Angleterre ◆ **Club :** Tottenham
Date de naissance : 28 juillet 1993

70 sélections · 49 buts

Harry Kane se rend au Qatar avec la ferme intention de prouver qu'il est l'un des meilleurs attaquants du monde. Lors des qualifications, Kane a terminé meilleur buteur de la zone UEFA avec douze buts en seulement huit rencontres (à égalité avec Memphis Depay). Capitaine et leader naturel de sa sélection, Harry Kane travaille énormément en attaque pour créer des espaces pour ses coéquipiers ou pour amorcer le pressing offensif. En plus de ses qualités de travailleur, Kane possède un sens du but exceptionnel. Il est capable de marquer à tout moment et dans n'importe quelle position.

7

En novembre 2021, Harry Kane a marqué sept buts en l'espace de quatre jours (trois buts contre l'Albanie, puis quatre buts contre Saint-Marin).

MEMPHIS DEPAY

Pays : Pays-Bas ◆ **Club :** FC Barcelone
Date de naissance : 13 février 1994

78 sélections 41 buts

Ces dernières saisons, Memphis Depay est passé du statut de joueur talentueux à celui de redoutable buteur de classe internationale. Lors des qualifications pour cette Coupe du monde, le leader du Barça a marqué douze buts et distribué six passes décisives en seulement dix rencontres.
Capable de tirer des deux pieds et redoutable en contre-attaque, Depay est le leader offensif que les fans des Pays-Bas attendaient depuis longtemps. En duo avec Georginio Wijnaldum, les défenses adverses vont souffrir durant ce Mondial.

CRISTIANO RONALDO

Pays : Portugal ◆ **Club :** Manchester United
Date de naissance : 5 février 1985

188 sélections 117 buts

Cristiano Ronaldo est le meilleur buteur de l'histoire du football avec plus de 815 buts à son actif (chiffres juin 2022). CR7 a réalisé l'exploit de marquer dans 11 tournois internationaux différents !
En mars 2022, Ronaldo a aidé le Portugal à éliminer la Macédoine du Nord grâce à un doublé de Bruno Fernandes validant ainsi son billet pour le Qatar. S'il marque durant cette compétition, CR7 deviendra le premier joueur à inscrire lors de cinq Coupes du monde de la FIFA. Malgré ses 37 ans, Ronaldo reste un joueur de classe mondiale et il sera l'une des principales attractions au Qatar.

TIMO WERNER

Pays : Allemagne ◆ **Club :** Chelsea FC
Date de naissance : 6 mars 1996

49 sélections 22 buts

Grâce à ses buteurs Timo Werner, Serge Gnabry et İlkay Gündoğan, qui ont inscrit chacun 5 buts durant les éliminatoires, l'Allemagne a été le premier pays à se qualifier pour le Qatar 2022. Timo Werner est un attaquant redoutable qui aime profiter des espaces. Sa vitesse est une arme redoutable qui lui permet de désarçonner n'importe quelle défense. En rejoignant le championnat d'Angleterre en 2020, Timo a nettement amélioré son physique et son jeu en combinaison. Durant la campagne de qualification, son doublé contre la Macédoine du Nord a permis à la *Mannschaft* de remporter une précieuse victoire validant le voyage au Qatar.

MILIEUX DE TERRAIN

SON HEUNG-MIN

Pays : Corée du Sud
Club : Tottenham Hotspur
Date de naissance : 8 juillet 1992

99 sélections 31 buts

Pour les équipes adverses, le célèbre capitaine de la Corée du Sud sera l'un des joueurs les plus difficiles à contrôler. Son Heung-min est un joueur offensif polyvalent capable de distribuer le jeu ainsi que de partir en profondeur et de marquer de nombreux buts. Qatar 2022 marquera la troisième apparition de Son à une Coupe du monde de la FIFA et, après avoir excellé pour Tottenham, il rêve d'un exploit avec son équipe nationale. Sa vista et sa vitesse feront de Son Heung-min la principale arme offensive du groupe H.

Talent

2

Il a marqué deux buts lors du Mondial 2018 : un contre le Mexique et un contre l'Allemagne.

KEVIN DE BRUYNE

Pays : Belgique ◆ **Club :** Manchester City
Date de naissance : 28 juin 1991

88 sélections 23 buts

Quand on voit Kevin De Bruyne jouer, le football semble tellement simple. Sa classe et sa maîtrise font actuellement de lui le meilleur milieu de terrain de la planète. KDB se prépare à participer à sa troisième Coupe du monde de la FIFA. En équipe nationale, De Bruyne est capable de jouer à plusieurs positions, mais il excelle surtout en meneur de jeu, car ses passes longues et ses combinaisons en jeu court font merveille. Il est également particulièrement efficace quand il s'agit d'opérer en contre-attaque, où la vitesse de Lukaku ouvre de nombreux espaces que KDB trouve facilement avec son pied droit millimétrique.

BRUNO FERNANDES

Pays : Portugal ◆ **Club :** Manchester United
Date de naissance : 8 septembre 1994

43 sélections 8 buts

Dans une équipe dotée des talents offensifs de Cristiano Ronaldo, Diogo Jota et André Silva, Fernandes est l'homme chargé de distribuer le jeu et d'alimenter les attaquants. Sa complémentarité avec CR7 s'est considérablement améliorée depuis que ce dernier est revenu à Old Trafford. Grâce à sa vista, le Portugal est sûr d'être une menace au Qatar. Lors du Mondial 2018, il n'avait qu'un rôle de remplaçant mais, quatre ans plus tard, Fernandes compte bien « choquer » la planète foot au Qatar.

LEON GORETZKA

Pays : Allemagne ◆ **Club :** Bayern Munich
Date de naissance : 6 février 1995

42 sélections 14 buts

Après la qualification de l'Allemagne pour cette Coupe du monde, le polyvalent milieu de terrain Leon Goretzka a affirmé : « Nous sommes sur la bonne voie pour revenir au sommet du football mondial. » En réalité, Goretzka avait lancé cette campagne de qualification sur les chapeaux de roue en marquant après seulement trois minutes lors du premier match contre l'Islande (3-0). Aux côtés de son coéquipier du Bayern Munich Joshua Kimmich, Goretzka a le talent nécessaire pour tenir la comparaison avec d'anciens grands meneurs de jeu allemands comme Lothar Matthäus ou Michael Ballack.

Les stars de la Coupe du monde de la FIFA

MILIEUX DE TERRAIN

SERGIO BUSQUETS

Pays : Espagne ◆ **Club :** FC Barcelone
Date de naissance : 16 juillet 1988

134 sélections — 2 buts

Tous les fans espagnols ont le regard fixé sur les jeunes et talentueux milieux de terrain Pedri et Gavi, cependant, il ne faut pas négliger l'expérience et l'impact physique de Sergio Busquets. Le milieu défensif qui a remporté plus de 30 trophées dans sa carrière, y compris la Coupe du monde de la FIFA 2010 et l'Euro 2012, apporte son calme et son expérience à la *Roja* depuis 2009. Pour vous donner une idée de son expérience, Sergio Busquets a déjà disputé 13 rencontres de Coupe du monde ! Au Qatar, il participera à son quatrième Mondial, et l'Espagne comptera sur lui pour rayonner à nouveau au milieu du terrain.

100

Busquets passé le cap des 100 sélections en équipe nationale en 2017 contre Israël (victoire 0-1).

JACK GREALISH

Pays : Angleterre ◆ **Club :** Manchester City
Date de naissance : 10 septembre 1995

21 sélections — 1 but

Jack Grealish aura à cœur de briller pour sa première apparition à une Coupe du monde de la FIFA. Après un transfert record (estimé à 117 millions d'euros) d'Aston Villa à Manchester City en août 2021, l'élégant meneur de jeu n'a cessé d'impressionner les experts. Sa technique et sa vitesse balle au pied combinées à sa vision de jeu lui permettent de déjouer n'importe quel adversaire. Espérons pour les fans anglais que le sélectionneur Gareth Southgate trouvera la bonne formule pour permettre à Jack Grealish de rayonner. Car depuis quelque temps, le natif de Birmingham a dû s'accommoder d'un statut de remplaçant de luxe qui ne correspond pas à son potentiel.

PAUL POGBA

Pays : France ◆ **Club :** Manchester United
Date de naissance : 15 mars 1993

91 sélections — 11 buts

En 2014, Paul Pogba a remporté le prix du meilleur jeune joueur de la Coupe du monde au Brésil. L'édition suivante, les Bleus ont remporté le titre grâce notamment au leadership et aux discours fédérateurs de Pogba. Avec sa taille, sa puissance et sa précision, Pogba est capable de faire régner son autorité au milieu de terrain. Parfois critiqué pour sa nonchalance, Pogba peut bénéficier du soutien sans faille de son entraîneur, Didier Deschamps, qui est bien conscient du rôle déterminant que joue « La Pioche » dans cette équipe de France.

CASEMIRO

Pays : Brésil ◆ **Club :** Real Madrid
Date de naissance : 23 février 1992

62 sélections — 5 buts

Malgré tous ses talents offensifs, le Brésil a bien besoin de leaders dans l'équipe pour fournir un équilibre et s'assurer une solidité défensive. Le combatif Casemiro, qui porte souvent le brassard de capitaine en l'absence de Thiago Silva, peut se targuer de figurer parmi les meilleurs milieux de terrain défensifs du monde. Il excelle dans l'art de récupérer le ballon et de lancer des contre-attaques. De plus, son impressionnant volume de jeu lui permet de parcourir une distance phénoménale sur le terrain. Avec Casemiro, les quintuples champions ont toutes les chances d'ajouter une sixième étoile sur leur maillot.

Les stars de la Coupe du monde de la FIFA
DÉFENSEURS

VIRGIL VAN DIJK

Pays : Pays-Bas ◆ **Club :** Liverpool FC
Date de naissance : 8 juillet 1991

46 sélections 5 buts

Jusqu'à présent, la scène internationale s'est révélée très frustrante dans la brillante carrière de Virgil van Dijk. En effet, les Pays-Bas n'ont pas réussi à se qualifier pour l'Euro 2016 ni pour la Coupe du monde 2018. De plus, Van Dijk a également raté l'UEFA Euro 2020 pour blessure. Cette Coupe du monde au Qatar est l'occasion parfaite pour évacuer toutes ces déceptions. En tant que capitaine des *Oranjes*, l'imposant défenseur central montrera la voie à suivre à ses coéquipiers. Ses célébrations et son émotion après la victoire contre la Norvège (2-0), qui a validé leur qualification pour ce Mondial, démontrent à quel point il souhaite participer à ce tournoi. Le meilleur défenseur du monde fera tout pour permettre aux Pays-Bas de briller au Qatar.

2018

C'est l'année où Van Dijk est devenu le capitaine de l'équipe nationale et où il a inscrit son premier but international face au Portugal (victoire 3-0).

HARRY MAGUIRE

Pays : Angleterre ◆ **Club :** Manchester United
Date de naissance : 5 mars 1993

44 sélections 7 buts

Harry Maguire garde d'excellents souvenirs du Mondial 2018, où il a gagné sa place de titulaire dans la défense anglaise. En quart de finale, il a inscrit son premier but international contre la Suède permettant aux *Three Lions* d'atteindre les demi-finales. Au cours des quatre années suivantes, il s'est imposé comme l'homme clé de la défense anglaise. Ce puissant défenseur central, né à Sheffield, a permis à son équipe nationale de conserver ses filets inviolés à de nombreuses reprises lors des qualifications. Malgré un petit passage à vide avec son club et quelques moqueries sur TikTok, Maguire n'est pas du genre à se laisser déconcentrer.

RAPHAËL VARANE

Pays : France ◆ **Club :** Manchester United
Date de naissance : 25 avril 1993

86 sélections 5 buts

La Coupe du monde de la FIFA, l'UEFA Nations League, l'UEFA Champions League... À 29 ans, Raphaël Varane a déjà remporté les prix les plus convoités du football. Cet élégant défenseur central est une machine à empiler les titres. Avec les Bleus, il fera tout pour conserver sa couronne mondiale. En plus d'être doué balle au pied, Varane perd rarement sa concentration sur le terrain et il a toujours le don d'être au bon endroit au bon moment. Avis aux attaquants : pour battre Varane au Qatar, vous devrez être au sommet de votre art !

SIMON KJÆR

Pays : Danemark ◆ **Club :** AC Milan
Date de naissance : 26 mars 1989

119 sélections 5 buts

Le nom de Simon Kjær n'est pas le plus célèbre dans la liste des meilleurs défenseurs du monde. Et pourtant, lorsque l'on analyse ses prestations en club et avec le Danemark, force est de constater que Kjær est au top ! Lors des éliminatoires, les Danois se sont facilement qualifiés pour ce Mondial en encaissant seulement trois buts en dix matchs. Cette solidité défensive est en grande partie due à Simon Kjær. Durant l'Euro 2020, le Danemark a réalisé une excellente performance en atteignant les demi-finales. Les Dynamites danoises auront à cœur de montrer le même courage au Qatar. Le sang-froid de Kjær associé au leadership de son coéquipier Christian Eriksen sera un élément crucial pour permettre au Danemark de briller.

Les stars de la Coupe du monde de la FIFA :
GARDIENS DE BUT

THIBAUT COURTOIS

Pays : Belgique ◆ **Club :** Real Madrid
Date de naissance : 11 mai 1992

94 sélections · Débuts en 2011

Cela fait plus d'une décennie que Thibaut Courtois fait régner son autorité dans les buts des Diables rouges. Le portier belge, héroïque lors de la victoire du Real Madrid en finale de la Ligue des Champions 2022, est prêt à aider la Belgique à aller le plus loin possible dans cette Coupe du monde de la FIFA au Qatar. Lors de la précédente édition, Courtois fut désigné meilleur gardien en remportant le Gant d'or Adidas. Taille, puissance, vitesse, agilité, réflexes félins et un pied gauche d'une précision incroyable, le gardien légendaire du Real Madrid a tout du meilleur gardien de la planète.

27

Lors de la Coupe du monde 2018, Courtois a réalisé 27 arrêts, un total supérieur à tous les autres gardiens de but.

ALISSON

Pays : Brésil ◆ **Club :** Liverpool FC
Date de naissance : 2 octobre 1992

54 sélections Débuts en 2015

Alors que de nombreuses équipes ont adopté une tactique qui consiste à aligner un gardien capable de jouer balle au pied, Alisson fait figure de modèle. Non seulement ses passes – que ce soit avec ses pieds ou ses mains – inspirent confiance, mais Alisson est également habile à courir hors de sa ligne pour contrer de dangereuses offensives où ses arrêts réflexes font merveilles. Avec sa sélection, Alisson doit faire face à la concurrence d'Ederson de Manchester City. La place de numéro 1 sera disputée, mais cette saine concurrence devrait les pousser au top. Peu importe le choix, le Brésil est certain d'avoir un but bien gardé au Qatar 2022.

MANUEL NEUER

Pays : Allemagne ◆ **Club :** Bayern Munich
Date de naissance : 27 mars 1986

109 sélections Débuts en 2009

À 36 ans, Manuel Neuer est encore largement considéré comme un gardien de but de classe mondiale. Avant de ranger ses gants, il veut absolument aider l'Allemagne à remporter une cinquième Coupe du monde de la FIFA. La simple présence de Neuer dans les buts permet d'apaiser ses défenseurs. Ces derniers peuvent ainsi pratiquer un pressing haut, tout en sachant que leur gardien s'occupera de la couverture. Bien que Marc-André ter Stegen du FC Barcelone pousse pour gagner sa place de titulaire avec la *Mannschaft*, le portier du Bayern Munich n'est pas prêt à mettre un terme à sa carrière internationale.

UNAI SIMÓN

Pays : Espagne ◆ **Club :** Athletic Bilbao
Date de naissance : 11 juin 1997

21 sélections Débuts en 2020

Seulement deux ans après ses débuts avec la *Roja*, Unai Simón a déjà participé à la demi-finale de l'Euro 2020 (défaite contre l'Italie lors des tirs au but), à la finale des Jeux olympiques de Tokyo 2020 (défaite contre le Brésil 2-1), et à la finale de la Ligue des nations de l'UEFA (défaite contre la France 2-1). Trois compétitions où Unai Simón a réalisé d'excellentes prestations, mais où il a connu la déception de la défaite. Malgré ses concurrents, David de Gea et Kepa Arrizabalaga, le gardien basque reste le titulaire indiscutable et, durant ce Mondial 2022, il espère bien aider son pays à remporter un nouveau tournoi majeur.

Coupe du monde de la FIFA Quiz partie 1

**Il est temps de tester vos connaissances sur la Coupe du monde.
Il y a 200 points à gagner et les réponses sont à la page 61.
Bonne chance les amis !**

1. POINT DE PÉNALITÉ

L'attaquant Antoine Griezmann frappe un penalty, mais où se situe la vraie balle ?

Balle A ◇ **Balle D** ◇

Balle B ◇ **Balle E** ◇

Balle C ◇

10 points pour la bonne réponse

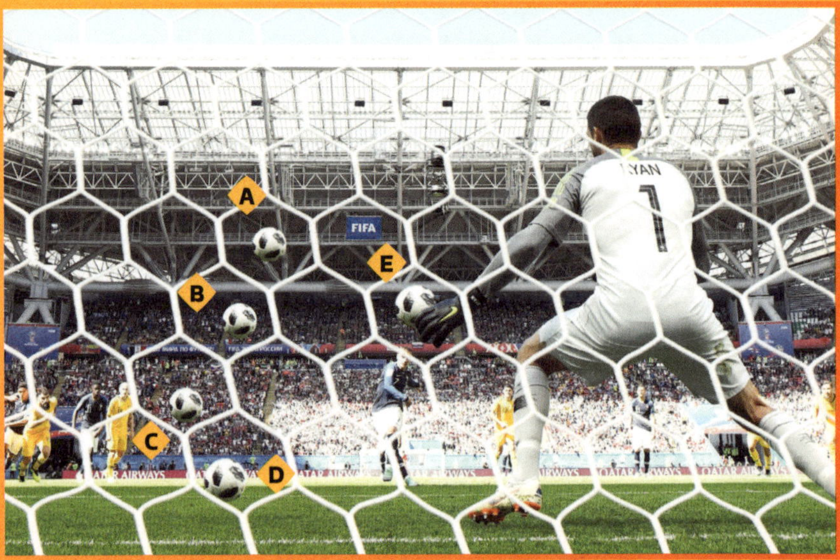

2. GROS PLAN SUR LE CAPITAINE

La caméra a zoomé sur quatre capitaines qui ont qualifié avec succès leur pays au Qatar 2022. Pouvez-vous nommer ces capitaines ? Lisez chaque indice et écrivez votre réponse ci-dessous.

A

Mes initiales sont HK.

B

J'ai joué la finale de la Coupe du monde 2018.

C

J'ai remporté une Coupe du monde de la FIFA.

D

Je suis capitaine d'un club de Premier League.

....	....	....	....
....	....	....	....

10 points pour chaque bonne réponse.

3. LES PAYS HÔTES

Pouvez-vous nommer la dernière fois que les pays suivants ont accueilli la Coupe du monde de la FIFA ? Écrivez l'année en dessous de chaque pays.

Allemagne	Italie	Brésil
....	....	....

10 points pour chaque bonne réponse

4. BUT OU ARRÊT ?

Les photos ci-dessous montrent le Polonais Robert Lewandowski et le Belge Eden Hazard en action lors de la Coupe du monde 2018. Ont-ils marqué ou leurs tirs ont-ils été arrêtés ?

LEWANDOWSKI:

- **But** ◇
- **Arrêt** ◇

HAZARD:

- **But** ◇
- **Arrêt** ◇

10 points pour chaque bonne réponse

Coupe du monde de la FIFA Quiz partie 2

5. TROUVEZ LES DIFFÉRENCES

Ci-dessous se trouve une photo de l'Argentine célébrant sa qualification pour le Qatar 2022. Cinq modifications ont été apportées à la deuxième image. Encerclez les différences.

5 points pour chaque bonne réponse

6. CHOIX DU JOUEUR

En Coupe du monde, l'Allemagne et les Pays-Bas offrent souvent de magnifiques affrontements. Dans la liste ci-dessous qui contient des stars de ces deux équipes, pouvez-vous identifier les cinq joueurs néerlandais ?

- KLAASSEN
- HAVERTZ
- DE LIGT
- REUS
- BLIND
- BERGWIJN
- DUMFRIES
- MÜLLER

5 points pour chaque bonne réponse

7. ÉQUIPE MYSTÈTRE

Ces trois phrases font référence à l'une des équipes participant au Qatar 2022. Lisez les indices et découvrez quelle est l'équipe mystère.

Ils ont atteint les huitièmes de finale lors du Mondial 2018.

Ils ont remporté leur groupe de qualification devant la Suède.

Álvaro Morata est une star de cette équipe.

....

10 points pour la bonne réponse

8. RECHERCHE BUTEURS

Dans la grille se trouvent des buteurs ayant déjà marqué lors d'un Mondial de la FIFA. Cherchez-les tous !

O	A	G	U	E	R	O	P	F	Z
I	N	A	R	D	P	L	E	E	U
I	R	I	Q	A	H	S	R	Z	C
U	I	R	M	V	S	A	I	A	M
T	N	A	S	R	U	D	S	Q	A
G	Y	M	A	S	I	M	I	A	G
I	V	I	L	M	P	F	C	B	U
L	K	D	A	J	H	A	G	G	I
E	G	U	H	B	R	F	L	O	R
C	I	V	O	R	T	I	M	P	E

SALAH **SUÁREZ** **SHAQIRI**
MITROVIĆ **AGÜERO** **DI MARÍA**
FIRMINO **PERIŠIĆ** **MAGUIRE**
POGBA

4 points pour chaque joueur trouvé

Mon score final

..../200

RÉPONSES

PARTIE 1
1. POINT DE PÉNALITÉ :
Balle B

2. GROS PLAN SUR LE CAPITAINE :
A. Harry Kane (Angleterre)
B. Luka Modrić (Croatie)
C. Hugo Lloris (France)
D. Virgil van Dijk (Pays-Bas)

3. LES PAYS HÔTES :
Allemagne – 2006
Italie – 1990
Brésil – 2014

4. BUT OU ARRÊT ? :
Lewandowski – Arrêt
Hazard – But

PARTIE 2
5. TROUVEZ LES DIFFÉRENCES

6. CHOIX DU JOUEUR :
Klaassen, De Ligt, Blind, Bergwijn, Dumfries

7. ÉQUIPE MYSTÈRE :
Espagne

8. RECHERCHE BUTEURS :

Votre calendrier de tous les matchs et votre tableau des résultats

Écrivez les résultats des 64 matchs de la Coupe du monde de la FIFA, Qatar 2022. Le tournoi débutera le 21 novembre.

GROUPE A

21 Nov, 17:00	Qatar		Équateur	Al-Bayt
21 Nov, 11:00	Sénégal		Pays-Bas	Al-Thumama
25 Nov, 14:00	Qatar		Sénégal	Al-Thumama
25 Nov, 17:00	Pays-Bas		Équateur	Khalifa International
29 Nov, 16:00	Équateur		Sénégal	Khalifa International
29 Nov, 16:00	Pays-Bas		Qatar	Al-Bayt

Équipe	J	G	N	P	+/-	PTS

GROUPE B

21 Nov, 14:00	Angleterre		Iran	Khalifa Int.
21 Nov, 20:00	États-Unis		Pays de Galle	Ahmad Bin Ali
25 Nov, 11:00	Pays de Galle		Iran	Ahmad Bin Ali
25 Nov, 20:00	Angleterre		États-Unis	Al-Bayt
29 Nov, 20:00	Pays de Galle		Angleterre	Ahmad Bin Ali
29 Nov, 20:00	Iran		États-Unis	Al-Thumama

Équipe	J	G	N	P	+/-	PTS

GROUPE C

22 Nov, 17:00	Mexique		Pologne	Stadium 974
22 Nov, 11:00	Argentine		Arabie Saoudite	Lusail
26 Nov, 14:00	Pologne		Arabie Saoudite	Education City
26 Nov, 20:00	Argentine		Mexique	Lusail
30 Nov, 20:00	Pologne		Argentine	Stade 974
30 Nov, 20:00	Arabie Saoudite		Mexique	Lusail

Équipe	J	G	N	P	+/-	PTS

GROUPE D

22 Nov, 20:00	France		Australie	Al-Janoub
22 Nov, 14:00	Danemark		Tunisie	Education City
26 Nov, 11:00	Tunisie		Australie	Al-Janoub
26 Nov, 17:00	France		Danemark	Stadium 974
30 Nov, 16:00	Australie		Danemark	Al-Janoub
30 Nov, 16:00	Tunisie		France	Education City

Équipe	J	G	N	P	+/-	PTS

GROUPE E

23 Nov, 17:00	Espagne		Costa Rica	Al-Thumama
23 Nov, 14:00	Allemagne		Japon	Khalifa International
27 Nov, 11:00	Japon		Costa Rica	Ahmad Bin Ali
27 Nov, 20:00	Espagne		Allemagne	Al-Bayt
1 Dec, 20:00	Japon		Espagne	Khalifa International
1 Dec, 20:00	Costa Rica		Allemagne	Al-Bayt

Équipe	J	G	N	P	+/-	PTS

GROUPE F

23 Nov, 20:00	Belgique		Canada	Ahmad Bin Ali
23 Nov, 11:00	Maroc		Croatie	Al-Bayt
27 Nov, 14:00	Belgique		Maroc	Al-Thumama
27 Nov, 17:00	Croatie		Canada	Khalifa International
1 Dec, 16:00	Croatie		Belgique	Ahmad Bin Ali
1 Dec, 16:00	Canada		Maroc	Al-Thumama

Équipe	J	G	N	P	+/-	PTS

Note : Les horaires sont donnés en heure française.
Il sera deux heures de plus au Qatar.